Salate XXL

zum Sattessen

Anne Iburg

Salate sind in – egal ob mittags, abends oder einfach zwischendurch –, die knackigen Fitmacher schmecken immer. In diesem Buch finden Sie raffinierte Rezepte, die allein oder mit einem Stück Brot satt machen und Ihrer Figur garantiert nicht schaden.

Inhalt

Alle Rezepte auf einen Blick

	Seite	kcal je Portion	schnell	preiswert	fürs Büro	für Partys	kalorienarm	vegetarisch	fruchtig	mit Knoblauch
Römersalat mit Mango und Mozzarella	8	380	+	+		+			+	
Gebratener Frühlingszwiebelsalat	10	530	+	+				+		
Pfifferling-Brot-Salat	11	380						+		
Bunter Blattsalat mit Polentarauten	12	320		+	+	+		+		
Mexikanischer Fetasalat	14	590		+	+	+		+		
Blumenkohlsalat mit Austernpilzen	15	140		+	+	+	+	+		
Fladenbrotsalat mit Schafskäse	16	585		+		+		+		+
Sommerlicher Blattsalat	18	355	+					+		+
Spargelsalat mit Eierdressing	19	225			+	+	+	+		
Exotischer Sauerkrautsalat	20	430		+	+	+		+	+	
Chicorée-Apfel-Salat	21	205	+				+	+	+	
Italienischer Spaghettisalat	22	735				+		+		+
Emmentaler Kartoffelsalat	24	855			+	+			+	
Kartoffel-Tomaten-Salat mit Pesto	25	340		+		+		+		+
Vietnamesischer Nudelsalat	26	375		+	+	+				
Orientalischer Kichererbsensalat	28	425		+	+	+				
Tomaten-Bulgur-Salat	29	535		+	+	+		+		
Toskanischer Bohnensalat	30	275	+	+	+	+	+			+
Marokkanischer Linsen-Spinat-Salat	32	535	+	+	+	+		+		
Salat mit Linsenkeimlingen	34	330			+	+				

	Seite	kcal je Portion	schnell	preiswert	fürs Büro	für Partys	kalorienarm	vegetarisch	fruchtig	mit Knoblauch
Grünkern-Möhren-Salat	35	370		+	+	+		+	+	
Kreolischer Bohnensalat mit Hackbällchen	36	770		+	+	+				+
Gegrillte Kartoffelscheiben-Lammfilet-Salat	38	360								+
Fruchtiger Reissalat mit Geflügelsaté	40	735		+					+	
Asiatischer Rinderfilet-Salat	41	365			+	+				
Radicchio mit Geflügelleber	42	435							+	
Putensalat „Hollywood“	44	290		+	+	+	+			
Putensalat „down under“	45	300	+				+		+	
Feldsalat mit Schweinemedaillons	46	455			+	+			+	
Grüne-Bohnen-Speck-Salat	48	115	+	+	+	+	+			
Enten-Wirsing-Salat	49	450			+				+	
Sardischer Salat mit Thunfischspießen	50	500								+
Tortellini-Thunfisch-Salat	52	740		+	+	+				
Kabeljau-Kartoffel-Salat	53	710		+						
Blattsalat mit Tortillaschnecken	54	550		+		+				
Spinatsalat mit Sesamgarnelen	56	460				+				+
Portugiesischer Tintenfischsalat	57	300	+			+	+			+
Japanischer Salat	58	360			+	+				
Schollensalat	60	230	+				+			
Skandinavischer Matjessalat	61	770				+			+	

Salate zum Sattessen

Salate sind mehr als nur eine Beilage zum Hauptgericht. Sie lassen sich nicht nur schnell zubereiten, sie eignen sich auch als vollwertige und leckere kleine Mahlzeiten. Mit einem Stück Brot gegessen, machen sie satt, ohne dass man Angst um die schlanke Linie haben muss. Sie sind reich an Vitaminen, Mineralstoffen und wertvollen sekundären Pflanzenstoffen.

Salat schnell zubereiten

Wenn Sie ein paar Tipps beachten, ist jeder Salat rasch serviert:

- Gegarte Salatzutaten wie Kartoffeln, Reis oder Nudeln kochen Sie am besten schon am Vortag. Wenn Sie ein Gericht zubereiten, das eine Salatzutat enthält, machen Sie gleich mehr davon.
- Blattsalate lassen sich auch 1–2 Tage im Voraus putzen und waschen. Die Salatblättchen bewahren Sie in einem Gefrierbeutel im Gemüsefach Ihres Kühlschranks auf.
- Wer keine Lust hat, Kräuter zu hacken, kann auf eine große Vielfalt von TK-Kräutern und Kräutermischungen zurückgreifen. Man kann auch selbst Kräuter einfrieren und bei Bedarf schnell wieder auftauen.
- Fleisch, Geflügel und Fisch lassen sich natürlich ebenfalls vorbereiten oder bereits im Voraus garen, insbesondere dann, wenn sie kalt gegessen werden sollen.

Dressings auf Vorrat

Das Dressing ist entscheidend für das Gelingen eines Salats. Viele verwenden aus Bequemlichkeit oder auch aus Angst, dass die Sauce misslingt, ausschließlich fertige Salatsaucen. Wesentlich besser schmecken jedoch frische, selbst zubereitete Dressings.

- Bereiten Sie gleich die 2- bis 4fache Menge Salatgrundsauce vor. Salatsaucen können Sie gut in einem Schraubglas verschlossen 3–4 Tage aufbewahren. Die meisten Dressing passen zu mehreren Salaten.
- Zu einer Salatgrundsauce gehören Essig, Öl, Salz, Pfeffer und 1 Prise Zucker. Der Essig kann auch durch Zitronensaft oder Joghurt ausgetauscht werden. Die Salatsaucen können dann speziell für den jeweiligen Salat verfeinert werden.
- Ein gutes, nicht zu kleines Schraubglas, z. B. ein Marmeladenglas mit $^{1}/_{4}$ l Fassungsvermögen, ist perfekt dazu geeignet ein Dressing zuzubereiten. Einfach alle Zutaten für das Dressing hineingeben und gut verschlossen ein paar Sekunden kräftig schütteln und die Zutaten sind perfekt vermischt.
- Außer bei Mayonnaise, die man im Mixer herstellen sollte, klappt die Glasschütteltechnik mit jedem Salatdressing. In dem Glas können Sie auch gleich den Rest für den nächsten Salat aufbewahren.

Salate für unterwegs

Salate eignen sich sehr gut als Proviant für unterwegs, etwa bei einer Zugreise oder auf einer Wanderung. Am besten nehmen Sie für den Transport einige gut verschließbare Gefäße, hervorragend geeignet sind beispielsweise Twist-Off-Gläser oder leere Marmeladegläser.

Salate auf dem Partybuffet

Salate dürfen auf keinem Partybuffet fehlen. Das größte Problem dabei ist allerdings, die richtige Menge zu finden. Bei einer Party mit 25 Personen reichen erfahrungsgemäß 4–5 Salate. Jedoch sollten Sie sicherheitshalber von 2–3 Salaten die doppelte Menge zubereiten. Besonders gut kommt es an, wenn Sie Ihren Gästen eine Auswahl unterschiedlicher Salate anbieten: beispielsweise einen vegetarischen, zwei besonders sättigende Salate und je nach dem, was sonst noch auf dem Buffett steht, einen Salat mit Fleisch- oder Fischeinlage.

Dekotipps

Natürlich müssen Salate optisch ansprechend dekoriert werden. Generelle Regeln dafür gibt es nicht, denn vor allem der Anlass für die Zubereitung des Salats spielt eine entscheidende Rolle dabei. Ein paar Beispiele sollen zeigen, was möglich ist. Natürlich können Sie die Salate ganz nach Belieben auf andere Weise anrichten; Ihrer Phantasie sind keine Grenzen gesetzt:

- Blattsalate lassen sich z. B. mit Parmesanhobeln dekorieren.
- Scharfe Salate mit viel Paprikagemüse können mit Chilischoten dekoriert werden – entweder lässt man diese ganz oder schneidet sie in Streifen.
- Salate mit Krustentieren sehen besonders dekorativ aus, wenn die Schwanzflosse an den Tieren belassen wird.
- Für Kindergeburtstage lohnt es sich, Gemüse wie Möhren, Kohlrabi, Paprika, Gurken, Rettich mit kleinen Backförmchen auszustechen und diese unter den Salat zu mischen. Dann kann selbst ein Salat bei den Kleinen zum Renner werden.
- Auch weniger aufwändige Dekorationen wie das Bestreuen mit Kräutern, Nüssen und Samen oder das Auflegen von einer Basilikum- oder Minzespitze geben dem Salat einen ganz besonderen Pfiff, für den Ihre Gäste Sie fast immer mit einem Kompliment belohnen.

Die Rezepte

Römersalat mit Mango und Mozzarella

- schnell
- preiswert
- fürs Büro
- für Partys
- kalorienarm
- vegetarisch
- fruchtig
- Knoblauch

Zutaten

Für den Salat

3 Römersalatherzen

3 Frühlingszwiebeln · 1/2 Bund Zitronenmelisse

1/2 Galiamelone · 1 Mango

100 g hauchdünner Serranoschinken · 200 g kleine Mozzarellakugeln

Für das Dressing

3 EL Zitronensaft · 4 EL Sonnenblumenöl · etwas Salz · etwas schwarzer Pfeffer aus der Mühle

30 g Mandelstifte zum Garnieren

Für 4 Personen
Zubereitungszeit: ca. 30 Min.
ca. 380 kcal je Portion

1 Die Römersalatherzen waschen, putzen, trockenschleudern und 12 große äußere Salatblätter beiseite legen. Die Herzen in 1/2 cm dünne Streifen schneiden.

2 Die Frühlingszwiebeln waschen, putzen, in feine Ringe schneiden und zu den Salatstreifen geben. Die Zitronenmelisse waschen, trockentupfen, die Blättchen von den Stielen zupfen und fein hacken.

3 Die Melone vierteln, mit einem Esslöffel entkernen und aus der Melone Kugeln ausstechen. Die Melonenviertel beiseite legen. Die Mango schälen, das Fruchtfleisch vom Stein schneiden und würfeln.

4 Den Schinken in Streifen schneiden und mit den Mozzarellakugeln, der Zitronenmelisse, den Melonen- und Mangostücken unter den Salat heben.

5 Für das Dressing das restliche Melonenfleisch mit einem Löffel aus der Schale kratzen und pürieren. 150 ml Melonenpüree mit dem Zitronensaft mischen. Das Öl unterschlagen und die Sauce kräftig mit Salz und Pfeffer würzen. Das Dressing unter den Salat mischen.

6 Die Mandelstifte in einer Pfanne ohne Fettzugabe unter Rühren hellbraun rösten. Die ganzen Salatblätter auf 4 Tellern verteilen und den Salat darauf anrichten. Den Salat mit den Mandelstiften bestreut servieren.

Tipp
Zu diesem Salat reichen Sie lauwarmes Baguette und einen prickelnden Prosecco.

Zutaten

Für den Salat
500 g Cocktailtomaten ·
300 g Provolone
4 Bund Frühlingszwiebeln
4 EL Olivenöl · etwas Salz · etwas schwarzer Pfeffer aus der Mühle
2 hart gekochte Eier ·
1 Kästchen Gartenkresse

Für das Dressing
4 EL Estragonessig · 1 TL scharfer Senf · 6 EL Olivenöl · etwas Salz · etwas schwarzer Pfeffer aus der Mühle

Für 4 Personen
Zubereitungszeit: ca. 30 Min.
ca. 530 kcal je Portion

Gebratener Frühlingszwiebelsalat

- ⊕ schnell
- ⊕ preiswert
- ⊖ fürs Büro
- ⊖ für Partys
- ⊖ kalorienarm
- ⊕ vegetarisch
- ⊖ fruchtig
- ⊖ Knoblauch

1 Die Cocktailtomaten waschen, von den Stielansätzen befreien und je nach Größe halbieren oder vierteln. Den Provolone in 1/2 cm dicke kleine Scheiben schneiden.

2 Den Wurzelansatz der Frühlingszwiebeln nur leicht zurückschneiden und unschöne Stängelteile entfernen. Die Zwiebeln längs halbieren, aber so, dass die Zwiebelblätter nicht auseinander fallen.

3 In einer beschichteten Pfanne das Olivenöl erhitzen und darin die Frühlingszwiebeln knackig braten. Alles leicht salzen und pfeffern.

4 Tomaten und Provolone mit den Frühlingszwiebeln auf einer Platte dekorativ anrichten.

5 Für das Dressing Essig, Senf, Öl, Salz und Pfeffer verrühren und das Dressing über die Salatzutaten träufeln.

6 Die Eier schälen und hacken. Die Kresse mit einer Schere vom Ballen schneiden, waschen und trockentupfen. Eierwürfel und Kresse über den Salat geben und den Salat sofort servieren.

Tipps
Servieren Sie zu diesem Salat ein dunkles Bauernbrot.
Statt Provolone können Sie pro Person einen gebackenen Camembert dazureichen.

Pfifferling-Brot-Salat

Zutaten

Für den Salat
1 Bund Frühlingszwiebeln · 200 g Rucola
400 g Pfifferlinge · 3 EL Sonnenblumenöl · etwas Salz · etwas schwarzer Pfeffer aus der Mühle
300 g Roggenmischbrot · 100 g Gouda

Für das Dressing
4 EL Kürbiskernöl · 4 EL Sherryessig · etwas Salz · etwas schwarzer Pfeffer aus der Mühle · 1 Prise Zucker

Für 4 Personen
Zubereitungszeit: ca. 40 Min.
ca. 380 kcal je Portion

schnell ⊖
preiswert ⊖
fürs Büro ⊖
für Partys ⊖
kalorienarm ⊖
vegetarisch ⊕
fruchtig ⊖
Knoblauch ⊖

1 Die Frühlingszwiebeln waschen, putzen und in feine Ringe schneiden. Den Rucola waschen, putzen und zerzupfen.

2 Die Pfifferlinge gründlich putzen, große Pilze vierteln oder halbieren. Das Öl in einer beschichteten Pfanne erhitzen und darin die Pfifferlinge anbraten. Alles salzen und pfeffern.

3 Den Backofengrill auf 250 °C vorheizen. Das Roggenmischbrot in 6 Scheiben schneiden. Den Gouda eventuell entrinden und fein reiben.

4 Die Brotscheiben auf ein Blech legen, mit dem Käse bestreuen und im Ofen etwa 5 Minuten gratinieren. Die Brotscheiben noch heiß in Würfel schneiden.

5 Für das Dressing Kürbiskernöl mit Sherryessig, Salz, Pfeffer und Zucker verrühren. Alle Salatzutaten in eine große Schüssel geben, mit dem Dressing vermengen und auf 4 Tellern dekorativ anrichten.

Tipp
Pfifferlinge sollten Sie nicht waschen, sonst saugen sie viel Wasser auf. Am besten reinigen Sie die Pilze mit einem Backpinsel.

Bunter Blattsalat mit Polentarauten

- schnell
- preiswert
- fürs Büro
- für Partys
- kalorienarm
- vegetarisch
- fruchtig
- Knoblauch

1 Die Steinpilze mit heißem Wasser übergießen und mindestens 2 Stunden einweichen. Die Pilze aus dem Wasser nehmen und fein hacken. Das Einweichwasser auf 1/2 l auffüllen, salzen und aufkochen. Den Maisgrieß hineinrieseln lassen, alles unter Rühren erneut aufkochen und bei reduzierter Hitze quellen lassen.

2 Den Maisbrei etwa 1 cm hoch in eine leicht eingefettete rechteckige Form (20 x 30 cm) füllen und auskühlen lassen.

3 Die Salate putzen, waschen, in mundgerechte Stücke zupfen und trockenschleudern. Möhren, Kohlrabi und Radieschen putzen und waschen. Bis auf die Radieschen das Gemüse schälen und alle Gemüsesorten grob raspeln.

4 Für das Dressing Sonnenblumenöl, Zitronensaft, Salz und Pfeffer verrühren und das geraspelte Gemüse damit vermengen.

5 In einer beschichteten Pfanne das Öl für die Polenta erhitzen. Den Maisbrei auf ein Brett stürzen, in 3 x 2 cm große Rauten schneiden und diese im Öl goldgelb braten.

6 Die Salatblätter mit den Gemüseraspeln und den Maisgrießrauten auf einem großen Teller anrichten. Den Salat mit Schnittlauchröllchen garnieren.

Zutaten

Für die Polenta

25 g getrocknete Steinpilze · etwas Salz · 125 g Maisgrieß

5 g Butter zum Einfetten

4 EL Sonnenblumenöl

Für den Salat

1/4 Kopf Friséesalat · 1/4 Kopf Eichblattsalat · 1/4 Kopf Lollo rosso · 300 g Möhren · 1 Knolle Kohlrabi · 1 Bund Radieschen

4 EL Schnittlauchröllchen

Für das Dressing

4 EL Sonnenblumenöl · Saft von 1 Zitrone · etwas Salz · etwas schwarzer Pfeffer aus der Mühle · 1 Prise Zucker

Für 4 Personen
Zubereitungszeit: ca. 1 1/4 Std.
Einweichzeit: ca. 2 Std.
ca. 320 kcal je Portion

Tipp
Wenn Sie den Salat mit ins Büro nehmen, teilen Sie die Zutaten in 3 gut verschließbaren Dosen auf: Rauten und Blattsalat je in einer Dose und die Gemüseraspel zusammen mit dem Dressing in einer weiteren.

Mexikanischer Fetasalat

- schnell
- preiswert
- fürs Büro
- für Partys
- kalorienarm
- vegetarisch
- fruchtig
- Knoblauch

Zutaten

Für den Salat
1 Eisbergsalat · 3 rote Paprikaschoten · 2 Dosen Mais
100 g Taco-Chips · 2 frische Eier
2 Scheiben Schafskäse (Feta, je 200 g) · 80 g Mehl · Öl zum Frittieren

Für Dressing und Garnierung
1 Bund Koriander · 4 EL Chiliöl · Saft von 1 Zitrone · etwas Salz · 1 Msp. Cayennepfeffer · 1 Prise Zucker

Für 4 Personen
Zubereitungszeit: ca. 45 Min.
ca. 590 kcal je Portion

1 Den Eisbergsalat waschen, putzen, trockenschleudern und in mundgerechte Stücke zupfen. Die Paprikaschoten waschen, putzen und in feine Streifen schneiden. Den Mais auf ein Sieb geben und abtropfen lassen.

2 Die Taco-Chips in eine Gefriertüte geben und mit einem Nudelholz fein zerbröseln. Die Eier in einem tiefen Teller verquirlen.

3 Den Schafskäse in Würfel schneiden und die Würfel zuerst in Mehl, dann in Ei und Taco-Panade, danach erneut in Ei und Panade wenden. Die Käsewürfel in reichlich heißem Öl frittieren.

4 Den Koriander waschen, trockentupfen und die Blättchen von den Stielen zupfen. Chiliöl, Zitronensaft, Salz, Cayennepfeffer und Zucker verrühren.

5 Eisbergsalat, Paprikastreifen und Mais auf 4 Tellern verteilen. Den Salat mit dem Dressing beträufeln und die frittierten, noch warmen Fetawürfel darauf verteilen. Alles mit Korianderblättchen garnieren.

Tipp
Auch mit kalten Fetawürfeln schmeckt der Salat. Dazu passen im Backofen aufgewärmte Weizentortillas.

Zutaten

Für den Salat

1 Blumenkohl · etwas Salz

300 g Austernpilze · 2 EL Olivenöl · etwas Salz · etwas schwarzer Pfeffer aus der Mühle

250 g Möhren · 1 Bund Schnittlauch

Für das Dressing

1 kleine Zwiebel · 6 EL Weißweinessig · 100 ml Gemüsebrühe · 2 EL Olivenöl · 1 Prise Zucker · etwas schwarzer Pfeffer aus der Mühle · etwas Salz

Für 4 Personen
Zubereitungszeit: ca. 30 Min.
Marinierzeit: ca. 30 Min.
ca. 140 kcal je Portion

Blumenkohlsalat mit Austernpilzen

1 Den Blumenkohl putzen, waschen, in Röschen teilen und in leicht gesalzenem Wasser etwa 5 Minuten garen. Den Kohl herausnehmen und abtropfen lassen.

2 Die Austernpilze mit Küchenkrepp abreiben und in große Stücke teilen. Das Öl in einer beschichteten Pfanne erhitzen und darin die Pilze kräftig anbraten. Alles salzen und pfeffern.

3 Für das Dressing die Zwiebel schälen und fein hacken. Zwiebel, Essig, Gemüsebrühe und Öl verrühren, mit Zucker, Pfeffer und Salz abschmecken. Die Blumenkohlröschen 30 Minuten darin marinieren.

4 Die Möhren waschen, putzen und in Stifte schneiden. Den Schnittlauch waschen, trockentupfen und nach Belieben in Röllchen schneiden.

5 Möhren und Pilze mit dem Blumenkohl vermengen. Den Salat auf 4 großen Tellern anrichten und den Schnittlauch darüber streuen.

Tipps

Am besten schmeckt der Salat lauwarm, aber auch kalt ist er sehr lecker.
Pro Person können Sie auch ein in Scheiben geschnittenes hart gekochtes Ei zum Salat reichen.
Zum Blumenkohlsalat passt ein kräftiges, dunkles Brot.

schnell ⊖
preiswert ⊕
fürs Büro ⊕
für Partys ⊕
kalorienarm ⊕
vegetarisch ⊕
fruchtig ⊖
Knoblauch ⊖

Fladenbrotsalat mit Schafskäse

- schnell
- preiswert
- fürs Büro
- für Partys
- kalorienarm
- vegetarisch
- fruchtig
- Knoblauch

Zutaten

Für den Salat

1/2 Fladenbrot (300 g) · 1 Salatgurke

1/2 Kopf Eisbergsalat · 2 gelbe Paprikaschoten · 500 g Tomaten

2 rote Zwiebeln · 120 g schwarze Oliven · 200 g Schafskäse (Feta)

1/2 Bund glattblättrige Petersilie

Für das Dressing

1 Knoblauchzehe · 8 EL Rotweinessig · 8 EL Olivenöl · etwas Salz · etwas schwarzer Pfeffer aus der Mühle

Für 4 Personen
Zubereitungszeit: ca. 30 Min.
Marinierzeit: ca. 1 Std.
ca. 585 kcal je Portion

1 Das Fladenbrot in 2 cm große Würfel schneiden. Die Gurke waschen, schälen und längs halbieren. Die Gurke in 1/2 cm dicke Stücke schneiden.

2 Den Eisbergsalat waschen, putzen, in mundgerechte Stücke zupfen und trockenschleudern. Die Paprikaschoten waschen, putzen und in Streifen schneiden. Die Tomaten waschen, von den Stielansätzen befreien und vierteln.

3 Die Zwiebeln schälen, längs halbieren und in dünne Halbringe schneiden. Die Oliven abtropfen lassen und den Schafskäse würfeln.

4 Die Petersilie waschen und trockentupfen. Die Blättchen von den Stielen zupfen und fein hacken. Alle vorbereiteten Zutaten in einer großen Salatschüssel miteinander vermischen.

5 Für das Dressing den Knoblauch schälen und sehr fein hacken. Essig, Olivenöl und Knoblauch verrühren. Das Dressing mit Salz und Pfeffer abschmecken und über die Salatmischung geben. Den Salat etwa 1 Stunde durchziehen lassen. Falls das Brot die ganze Flüssigkeit aufgesogen hat, eventuell noch etwas Olivenöl und Rotweinessig hinzugeben.

Tipps

Für diesen Salat können Sie auch altes Weißbrot, Baguette, Ciabatta oder Brötchen verwenden. Sie brauchen dann nur mehr Flüssigkeit: Geben Sie etwa 100 ml kalt angerührte Gemüsebrühe tropfenweise auf die klein geschnittenen Brotreste.
Für ein Picknick können Sie den Salat auch ohne Brot zubereiten. Zum Servieren geben Sie den Salat in aufgeschnittene Fladenbrotviertel.

Zutaten

2 Zweige Rosmarin · 1/2 Bund glattblättrige Petersilie · 8 in Öl eingelegte, getrocknete Tomaten

2 Knoblauchzehen · 6 EL Olivenöl · 6 EL Weißweinessig · etwas Salz · etwas schwarzer Pfeffer aus der Mühle · 1 Prise Zucker

1/2 Kopf Friséesalat · 1/2 Kopf Romanasalat · je 2 rote und grüne Paprikaschoten

4 kleine runde Ziegenweichkäse · 4 EL Mehl

Für 4 Personen
Zubereitungszeit: ca. 30 Min.
ca. 355 kcal je Portion

Sommerlicher Blattsalat mit gebratenem Ziegenkäse

- ⊕ schnell
- ⊖ preiswert
- ⊖ fürs Büro
- ⊖ für Partys
- ⊖ kalorienarm
- ⊕ vegetarisch
- ⊖ fruchtig
- ⊕ Knoblauch

1 Für das Dressing die Rosmarinnadeln abstreifen. Die Petersilie waschen, trockentupfen und die Blättchen abzupfen. Rosmarin und Petersilie fein hacken. Die Tomaten mit einem schweren Messer sehr fein hacken.

2 Den Knoblauch schälen, durchpressen und mit den Kräutern, den Tomaten und 2 EL Olivenöl verrühren. Essig, Salz, Pfeffer, und Zucker unter das Dressing rühren und abschmecken.

3 Die Salate putzen, waschen, trockenschleudern und in mundgerechte Stücke zupfen. Die Paprikaschoten waschen, putzen und in feine Streifen schneiden.

4 Das restliche Öl in einer beschichteten Pfanne erhitzen, darin die Paprikastreifen weich dünsten und herausnehmen.

5 Die Käsetaler waagerecht halbieren und die Schnittflächen jeweils mit Mehl bestäuben. Die Taler in derselben Pfanne wie die Paprikaschoten kurz braten.

6 Salat, Paprikastreifen und Ziegenkäsetaler auf Tellern dekorativ anrichten und mit dem Dressing beträufeln.

Tipp
Geben Sie den Käse 1/2–1 Stunde in das Gefrierfach, dann lässt er sich besser schneiden.

Spargelsalat mit Eierdressing

schnell ⊖
preiswert ⊖
fürs Büro ⊕
für Partys ⊕
kalorienarm ⊕
vegetarisch ⊕
fruchtig ⊖
Knoblauch ⊖

Zutaten

Für das Dressing
2 hart gekochte Eier · 1 Zwiebel · 1/2 Bund glattblättrige Petersilie · 1–2 TL Kapern

4 EL Weißweinessig · 2 TL Dijonsenf · 4 EL Walnussöl · etwas schwarzer Pfeffer aus der Mühle · etwas Salz · 1 Prise Zucker

Für den Salat
1 1/2 kg weißer Spargel · 1 Prise Zucker · 5 g Butter

100 g Rucola · 200 g Kirschtomaten · 1 Bund Frühlingszwiebeln

Für 4 Personen
Zubereitungszeit: ca. 50 Min.
ca. 225 kcal je Portion

1 Die Eier schälen und würfeln. Die Zwiebel schälen und fein würfeln. Die Petersilie waschen, trockentupfen und die Blättchen von den Stielen zupfen. Kapern und Petersilienblättchen fein hacken.

2 Essig, Senf und Öl verrühren. Kapern, Petersilie und die Hälfte der Eiwürfel darunter mengen. Das Dressing mit Salz, Pfeffer und Zucker abschmecken.

3 Den Spargel waschen, schälen und die unteren Enden abschneiden. Den Spargel in kochendem Salzwasser mit Zucker und Butter etwa 9 Minuten bissfest garen, abgießen und kalt abschrecken. Den Spargel schräg dritteln und beiseite stellen.

4 Den Rucola putzen, waschen und trockenschleudern. Die Kirschtomaten waschen, trockenreiben und halbieren. Die Frühlingszwiebeln waschen, putzen und in dünne Ringe schneiden.

5 Frühlingszwiebeln und Spargel mit dem Eierdressing vermischen. Rucola, Tomaten und Spargel-Frühlingszwiebel-Mischung anrichten und mit den restlichen Eiwürfeln bestreuen.

Tipp
Dieser Salat schmeckt auch mit einem Dressing aus Basilikumpesto und mit gerösteten Pinienkernen bestreut sehr gut.

Zutaten

Für den Salat

500 g Sauerkraut · 1 Ananas

1 Bund Frühlingszwiebeln · 1/2 Bund frisches Koriandergrün

2 reife Avocados

Für das Dressing

1 unbehandelte Orange

1 TL Honig · 150 g Schmand · 1–2 TL Curry · etwas Salz · etwas schwarzer Pfeffer aus der Mühle

Für 4 Personen
Zubereitungszeit: ca. 40 Min.
Marinierzeit: ca. 30 Min.
ca. 430 kcal je Portion

Exotischer Sauerkrautsalat

- − schnell
- + preiswert
- + fürs Büro
- + für Partys
- − kalorienarm
- + vegetarisch
- + fruchtig
- − Knoblauch

1 Das Sauerkraut mit einer Gabel auflockern und grob hacken. Von der Ananas Stiel- und Blätteransatz wegschneiden. Die Ananas aufrecht auf ein Brett stellen und mit einem scharfen Messer die Schale abschneiden. Die Frucht längs vierteln und den harten Strunk entfernen. Die Viertel längs halbieren und in dünne Scheiben schneiden.

2 Die Frühlingszwiebeln putzen, waschen und in feine Ringe oder Streifen schneiden. Den Koriander waschen, trockentupfen, die Blättchen von den Stielen zupfen und fein hacken.

3 Für das Dressing die Orange heiß abwaschen, etwa 1 TL Schale abreiben, die Orange halbieren und den Saft auspressen.

4 Den Honig in 6 EL Orangensaft auflösen und mit Schmand, Curry, Orangenschale, Salz und Pfeffer verrühren.

5 Sauerkraut, Ananas, Lauchzwiebeln und die Hälfte des Korianders mit dem Dressing mischen. Alles etwa 30 Minuten durchziehen lassen.

6 Kurz vor dem Servieren die Avocados halbieren und den Stein entfernen. Die Avocados schälen, das Fruchtfleisch in schmale Spalten schneiden und sofort mit dem restlichen Orangensaft beträufeln.

7 Den Sauerkrautsalat auf Teller verteilen, die Avocadoscheiben dekorativ darauf legen und Pfeffer auf den Salat mahlen. Mit dem restlichen Koriander bestreut servieren.

Tipp

Wenn Sie diesen Salat in das Büro mitnehmen, bewahren Sie die Avocado getrennt vom restlichen Salat mit etwas Orangensaft beträufelt auf.

Zutaten

Für das Dressing

1/2 Zwiebel · 4 EL Obstessig · 2 EL Sonnenblumenöl · 2 EL Walnussöl · etwas Salz · etwas schwarzer Pfeffer aus der Mühle · 1/2 TL Honig

Für den Salat

4 Kolben Chicorée · 1 kleiner Kopf Radicchio

2 kleine rote Äpfel · 2 EL Zitronensaft

2 Kiwis · 4 EL Walnusskerne

Für 4 Personen
Zubereitungszeit: ca. 30 Min.
ca. 205 kcal je Portion

Chicorée-Apfel-Salat

1 Die Zwiebel schälen, fein hacken und mit dem Obstessig und den Ölsorten zu einem Dressing verrühren. Das Dressing mit Salz, Pfeffer und Honig abschmecken.

2 Chicorée und Radicchio putzen, in etwa 2 cm breite Streifen schneiden, waschen und trockenschleudern.

3 Die Äpfel waschen, trockenreiben und mit einem Apfelausstecher die Kerngehäuse herausstechen. Die Äpfel in feine Ringe schneiden und mit dem Zitronensaft beträufeln.

4 Die Kiwis schälen und anschließend fein würfeln. Die Walnusskerne grob hacken.

5 Alle Salatzutaten außer die Walnusskerne mit der Marinade in einer großen Schüssel vermengen und auf 4 Tellern anrichten. Den Salat mit den Walnusskernen bestreuen.

schnell +
preiswert −
fürs Büro −
für Partys −
kalorienarm +
vegetarisch +
fruchtig +
Knoblauch −

Tipp
Reichen Sie zu diesem Salat ein dunkles Walnussbrot oder ofenfrisches Baguette.

Italienischer Spaghettisalat

- schnell
- preiswert
- fürs Büro
- für Partys
- kalorienarm
- vegetarisch
- fruchtig
- Knoblauch

Zutaten

Für den Salat

400 g Spaghetti · etwas Salz · 4 EL Olivenöl

2 Zwiebeln · 3 Knoblauchzehen · 2 Zucchini · 400 g Spinat

etwas schwarzer Pfeffer aus der Mühle

100 g getrocknete, in Öl eingelegte Tomaten

40 g Pinienkerne · 50 g Parmesan

Für das Dressing

1 Bund glattblättrige Petersilie · 1/2 Bund Basilikum

4 EL Olivenöl · 8 EL Tomatenketchup · 4 EL Tomatenmark · 4 EL Weißweinessig · etwas Salz · etwas schwarzer Pfeffer aus der Mühle

Für 4 Personen
Zubereitungszeit: ca. 40 Min.
Marinierzeit: ca. 1 Std.
ca. 735 kcal je Portion

1 Die Spaghetti nach Packungsangaben in ausreichend Salzwasser bissfest kochen, abschrecken, mit 1 TL Olivenöl beträufeln und in 5–6 cm lange Stücke schneiden.

2 Zwiebeln und Knoblauch schälen und fein hacken. Die Zucchini waschen, putzen, halbieren und in Scheiben schneiden. Den Spinat gut waschen und putzen und in mundgerechte Stücke zupfen. Die Stücke in einer Salatschleuder trocken schleudern.

3 Das restliche Olivenöl in einer Pfanne erhitzen und darin Zwiebel und Knoblauch dünsten. Die Zucchinischeiben hinzufügen und von beiden Seiten goldgelb braten. Alles mit Salz und Pfeffer würzen.

4 Von den getrockneten Tomaten das überschüssige Fett mit Küchenkrepp abtupfen. Die Tomaten in sehr feine Würfel schneiden.

5 Die Pinienkerne ohne Fettzugabe in einer Pfanne unter Rühren rösten. Die Kerne auf einen Teller geben und auskühlen lassen. Den Parmesan eventuell entrinden und in große Späne hobeln.

6 Für das Dressing Petersilie und Basilikum waschen, trockentupfen, die Blättchen von den Stielen zupfen und fein hacken.

7 Olivenöl, Ketchup, Tomatenmark, Weißweinessig, Salz und Pfeffer verrühren. Die Kräuter hinzufügen.

8 Alle Salatzutaten außer den Pinienkernen und dem Parmesen in eine große Salatschüssel geben. Das Dressing darüber verteilen und alles vermengen. Den Salat etwa 1 Stunde durchziehen lassen. Vor dem Servieren mit den Pinienkernen und dem Parmesan garnieren.

Tipps

Diesen Salat kann man auch sehr gut mit Vollkornspaghetti zubereiten.

Lassen Sie den Knoblauch weg, dann können Sie den Salat auch gut verschlossen mit ins Büro nehmen.

Zutaten

Für den Salat

1 kg fest kochende, kleine Kartoffeln · etwas Salz

4 Knackwürstchen · 400 g Emmentaler · 2 säuerliche Äpfel · etwas Apfelessig

40 g gehackte Walnüsse

Für das Dressing

4 EL Senf · 100 ml Apfelessig · 2 EL Walnussöl · 4 EL Sonnenblumenöl · etwas Salz · etwas schwarzer Pfeffer aus der Mühle

Für 4 Personen
Zubereitungszeit: ca. 1 Std.
Marinierzeit: ca. 1 Std.
ca. 855 kcal je Portion

Emmentaler Kartoffelsalat

- ⊖ schnell
- ⊖ preiswert
- ⊕ fürs Büro
- ⊕ für Partys
- ⊖ kalorienarm
- ⊖ vegetarisch
- ⊕ fruchtig
- ⊖ Knoblauch

1 Die Kartoffeln unter fließendem Wasser gut waschen und bürsten und dann in leicht gesalzenem Wasser etwa 20 Minuten garen.

2 Die Würstchen in Scheiben schneiden. Den Käse würfeln. Die Äpfel waschen, schälen, vierteln und Kerngehäuse, Stiel- und Blütenansatz entfernen. Die Apfelviertel in dünne Scheiben schneiden und in etwas Apfelessig wenden, damit sie nicht braun werden.

3 Für das Dressing Senf, Apfelessig, Walnussöl und Sonnenblumenöl verrühren. Das Dressing salzen und pfeffern.

4 Die Kartoffeln gut abdämpfen lassen, schälen und in Scheiben schneiden. Alle Salatzutaten außer den Walnüssen in eine Schüssel geben und mit dem Dressing verrühren.

5 Den Salat mindestens 1 Stunde kalt stellen und durchziehen lassen. Kurz vor dem Servieren erneut abschmecken und mit den gehackten Walnüssen garnieren.

Tipps

Statt echtem Schweizer Emmentaler können Sie auch preiswerteren Käse wie Allgäuer Emmentaler oder Gouda verwenden.
Sehr gut schmeckt der Salat, wenn Sie kurz vor dem Servieren ein paar Weintrauben untermengen.

Kartoffel-Tomaten-Salat mit Pesto

Zutaten

Für den Salat
800 g kleine neue Kartoffeln · etwas Salz
300 g Cocktailtomaten · $^{1}/_{2}$ Bund Basilikum
100 g Joghurt · 50 g Quark
Für das Dressing
1 Zwiebel · 1 Knoblauchzehe · 50 g entsteinte schwarze Oliven
5 EL Kräuteressig · 2 EL Pesto · etwas Salz · etwas schwarzer Pfeffer aus der Mühle · 4 EL Olivenöl

schnell −
preiswert +
fürs Büro −
für Partys +
kalorienarm −
vegetarisch +
fruchtig −
Knoblauch +

Für 4 Personen
Zubereitungszeit: ca. 35 Min.
Marinierzeit: ca. 1 Std.
ca. 340 kcal je Portion

1 Die Kartoffeln unter fließendem Wasser gründlich waschen, bürsten und in leicht gesalzenem Wasser etwa 20 Minuten garen.

2 Für das Dressing Zwiebel und Knoblauch schälen und fein hacken. Die Oliven in feine Scheiben schneiden.

3 Den Essig mit 4 EL Wasser, Pesto, Salz, Pfeffer und Olivenöl aufschlagen. Die Kartoffeln gut abdämpfen lassen, halbieren und noch warm mit den Oliven und der Pestomarinade, bis auf 1 EL, vermengen. Alles etwa 1 Stunde durchziehen lassen.

4 Die Tomaten waschen, halbieren und die Stielansätze entfernen. Das Basilikum waschen und trockentupfen. Die Blättchen von den Stielen zupfen. Einige schöne Blättchen beiseite legen, die restlichen fein hacken.

5 Den Joghurt mit dem Quark glatt rühren. Die Tomaten mit dem fein gehackten Basilikum unter den Kartoffelsalat mengen. Eventuell noch einmal abschmecken. Die Joghurtsauce als Klecks auf den Salat geben. Das restliche Pesto spiralförmig auf die Sauce geben und alles mit den restlichen Basilikumblättchen garnien.

Tipp
Sie können den Salat auch mit mittelgroßen Kartoffeln zubereiten. Diese schneiden Sie nach dem Schälen in Viertel.

Vietnamesischer Nudelsalat

- schnell
- preiswert
- fürs Büro
- für Partys
- kalorienarm
- vegetarisch
- fruchtig
- Knoblauch

Zutaten

Für das Dressing
1 Stück Ingwer (etwa 2 cm lang) · 25 g geröstete Erdnusskerne (ungesalzen) · 4 EL Sojasauce · 1 TL Currypulver · 4 EL Sonnenblumenöl · 2 EL Zitronensaft · 1 Msp. Cayennepfeffer · etwas Salz · 1 Prise Zucker

Für die Fleischstreifen
2 EL Sherryessig · 6 EL Sojasauce · 4 TL Tomatenmark · 2 TL asiatische Chilisauce · 2 Knoblauchzehen

400 g Hähnchenbrustfilet

Für den Salat
250 g Salatgurke · 3 Frühlingszwiebeln

100 g Sojasprossen (Glas) · 1 kleiner Chinakohl

100 g Mienudeln · etwas Salz · Koriandergrün zum Garnieren

Für 4 Personen
Zubereitungszeit: ca. 45 Min.
Marinierzeit: ca. 30 Min.
ca. 375 kcal je Portion

1 Für das Dressing den Ingwer schälen und mit den Erdnüssen fein hacken. Beides mit Sojasauce und Curry verrühren. Alles mit Öl, Zitronensaft, Cayennepfeffer, Salz und Zucker aufschlagen und abschmecken.

2 Für die Fleischstreifen Essig, Sojasauce und Tomatenmark verrühren. Den Knoblauch schälen, fein hacken und unter die Essigmarinade rühren.

3 Das Hähnchenbrustfilet in schmale Streifen schneiden. Mit der Essigmarinade vermengen und das Fleisch im Kühlschrank mindestens 30 Minuten marinieren.

4 Inzwischen die Gurke waschen, putzen, und zuerst in Scheiben, dann in schmale Streifen schneiden. Die Frühlingszwiebeln putzen, waschen und in dünne Ringe schneiden.

5 Die Sojasprossen auf ein Sieb geben, abspülen und abtropfen lassen. Den Chinakohl putzen, waschen, trockenschleudern und in mundgerechte Stücke zupfen.

6 Einen Wok oder eine Pfanne erhitzen und darin das Fleisch ohne Fettzugabe unter Rühren goldbraun anbraten.

7 Die Mienudeln in einem großen Topf mit Salzwasser nach Packungsangabe garen. Die Nudeln auf ein Sieb geben, kalt abschrecken und mit Frühlingszwiebeln, Sojasprossen, Chinakohl, Gurke und Fleisch anrichten. Das Dressing untermengen und den Salat mit dem Koriander garnieren.

Tipp
Dazu passt Jasmintee, eine asiatische Spezialität aus halbfermentiertem Tee, aromatisiert mit Blüten des Jasminbaums. Soll er anregend wirken, darf er nur 3 Minuten ziehen, wenn er beruhigen soll, muss er länger ziehen.

Zutaten

400 g Hähnchenbrustfilet

etwas Salz · schwarzer Pfeffer · 1 TL Kreuzkümmel · 1 TL Curry · 1/2 TL Paprika, rosenscharf · 8 EL Sonnenblumenöl

600 g Auberginen · 1/2 TL Zimt · 1/4 TL gemahlene Nelken

1 Bund Minze · 200 g Joghurt · 2 TL Honig · 1/4 TL Zimt · 1/4 TL Kreuzkümmel

400 g Kichererbsen (a.d. Dose) · 4 EL fein gehackte glattblättrige Petersilie

Für 4 Personen
Zubereitungszeit: ca. 45 Min.
Marinierzeit: ca. 30 Min.
ca. 425 kcal je Portion

Orientalischer Kichererbsensalat

- schnell
+ preiswert
+ fürs Büro
+ für Partys
- kalorienarm
- vegetarisch
- fruchtig
- Knoblauch

1 Das Hähnchenfleisch waschen, trockentupfen, von Fett und Sehnen befreien und in mundgerechte Stücke schneiden.

2 Salz, Pfeffer, 1/2 TL Kreuzkümmel, Curry, Paprika und 2 EL Sonnenblumenöl verrühren und darin das Fleisch etwa 30 Minuten marinieren.

3 Für den Salat die Auberginen waschen, putzen und in Scheiben schneiden. 3 EL Öl in einer beschichteten Pfanne erhitzen und darin die Auberginenscheiben in Portionen nacheinander goldgelb braten. Das restliche Öl immer wieder nachgießen. Die Scheiben mit Zimt, Nelken, dem restlichen Kreuzkümmel, Salz und Pfeffer würzen. Die Auberginenscheiben auf Küchenkrepp entfetten.

4 In derselben Pfanne ohne weitere Fettzugabe das Hähnchenfleisch goldgelb braten.

5 Für das Dressing die Minze waschen und trockentupfen, die Blättchen von den Stielen zupfen und fein hacken. Joghurt, Honig, Zimt, Kreuzkümmel, Salz, Pfeffer und Minze verrühren.

6 Die Kichererbsen auf einem Sieb abtropfen lassen und mit den Auberginen, dem Hähnchenfleisch und der Petersilie auf einer großen Platte anrichten. Die Joghurtsauce darüber verteilen.

Tipp
Wenn Sie die Auberginenscheiben zuvor blanchieren, saugen sie nicht so viel Fett auf.

Zutaten

Für den Salat

800 ml Gemüsebrühe ·
400 g Bulgur

1 Bund Frühlingszwiebeln ·
1 Salatgurke · 750 g Tomaten

2 Bund glattblättrige Petersilie ·
½ Bund Minze

Für das Dressing

Saft von 1 Zitrone · etwas Salz · etwas schwarzer Pfeffer aus der Mühle · 5 EL Olivenöl

Für 4 Personen
Zubereitungszeit: ca. 30 Min.
Marinierzeit: ca. 1 Std.
ca. 535 kcal je Portion

Tomaten-Bulgur-Salat

1 Die Brühe aufkochen und den Bulgur damit übergießen. Den Bulgur in der Brühe quellen lassen, bis die Flüssigkeit aufgesaugt und der Bulgur weich ist.

2 Die Frühlingszwiebeln putzen, waschen und in dünne Ringe schneiden. Die Gurke waschen, schälen, längs halbieren, entkernen und in Scheiben schneiden. Die Tomaten waschen, putzen, halbieren und würfeln.

3 Die Kräuter waschen und trockentupfen. Die Blättchen von den Stielen zupfen und grob hacken. Alle Salatzutaten vermischen und zum Bulgur geben.

4 Zitronensaft, Salz, Pfeffer und Öl verrühren und unter den Salat mischen. Den Tomaten-Bulgur-Salat etwa 1 Stunde ziehen lassen.

Tipp
Sie können unter diesen Salat auch noch 2 fein gewürfelte, hart gekochte Eier oder 200 g fein gehackten Schafskäse heben.

schnell ⊖
preiswert ⊕
fürs Büro ⊕
für Partys ⊕
kalorienarm ⊖
vegetarisch ⊕
fruchtig ⊖
Knoblauch ⊖

Toskanischer Bohnensalat

- ⊕ schnell
- ⊕ preiswert
- ⊕ fürs Büro
- ⊕ für Partys
- ⊕ kalorienarm
- ⊖ vegetarisch
- ⊖ fruchtig
- ⊕ Knoblauch

Zutaten

Für den Salat
1 Bund Frühlingszwiebeln · 8 Zweige frischer Thymian
2 Dosen weiße Bohnen (je 280 g) · 600 g Tomaten

Für das Dressing
1 Knoblauchzehe · Saft von 1 Zitrone · 4 EL Olivenöl · etwas Salz · etwas schwarzer Pfeffer aus der Mühle

Für 4 Personen
Zubereitungszeit: ca. 30 Min.
ca. 275 kcal je Portion

1 Die Frühlingszwiebeln waschen, putzen und schräg in etwa 1 cm breite Streifen schneiden. Den Thymian waschen und trockentupfen. Von vier Zweigen die Blättchen von den Stielen zupfen.

2 Die Bohnen unter kaltem Wasser gut abspülen und abtropfen lassen. Die Tomaten über Kreuz einritzen, kurz überbrühen, abschrecken und enthäuten. Die Tomaten vierteln, von den Stielansätzen befreien, entkernen und fein würfeln. Alle vorbereiteten Zutaten in eine Schüssel geben und vermengen.

3 Für das Dressing den Knoblauch schälen und fein hacken. Den Knoblauch mit Zitronensaft, Olivenöl, Salz und Pfeffer vermengen und unter die Salatzutaten mischen. Den Bohnensalat auf Tellern verteilen und mit dem restlichen Thymian garnieren.

Tipps
Sie können zusätzlich fein gehackte Sardellenfilets unter den Salat mischen. Reichen Sie dazu Brot, z. B. Ciabatta, und genießen Sie den Salat mit einem Chianti.

Marokkanischer Linsen-Spinat-Salat

- ⊕ schnell
- ⊕ preiswert
- ⊕ fürs Büro
- ⊕ für Partys
- ⊖ kalorienarm
- ⊕ vegetarisch
- ⊖ fruchtig
- ⊖ Knoblauch

1 Die Linsen mit der Brühe aufkochen und etwa 5 Minuten garen. Vorsicht: Die Linsen dürfen nicht zerfallen. Die Linsen in ein Sieb geben und gut abtropfen lassen.

2 Den Spinat gründlich waschen und putzen, in mundgerechte Stücke zupfen und trockenschleudern. Die Champignons mit Küchenkrepp sauber abreiben und halbieren. Die Zwiebel schälen und fein hacken.

3 Das Öl in einer Pfanne erhitzen und darin die Zwiebeln und die Champignons goldbraun braten. Alles mit Salz und Pfeffer würzen.

4 Die Tomaten waschen und trocknen. Die Stielansätze entfernen und die Tomaten achteln. Den Schafskäse fein würfeln.

5 Für das Dressing den Thymian waschen und trockentupfen. Die Blättchen mit einer Gabel von den Stängeln streifen.

6 Öl, Essig, Thymian, Salz und Pfeffer zum Dressing verrühren. Alle Salatzutaten in eine Schüssel geben und mit dem Dressing vermengen.

Zutaten

Für den Salat

200 g rote Linsen · 600 ml Gemüsebrühe

500 g Spinat · 400 g kleine Champignons · 2 Zwiebeln

2 EL Olivenöl · etwas Salz · etwas schwarzer Pfeffer aus der Mühle

500 g Tomaten · 300 g Schafskäse

Für das Dressing

4–5 Zweige Thymian

4 EL Olivenöl · 4 EL Weißweinessig · etwas Salz · etwas schwarzer Pfeffer aus der Mühle

Für 4 Personen
Zubereitungszeit: ca. 30 Min.
ca. 535 kcal je Portion

Tipp
Kaufen Sie Schafskäse am besten frisch an der Käsetheke und wählen Sie einen griechischen, bulgarischen oder türkischen Schafskäse. Diese sind herzhafter und kräftiger als der Schafskäse aus Dänemark.

Zutaten

Für den Salat

100 g braune Linsen

100 g rote Linsen · etwas Salz · 2 Kolben Chicorée · 200 g Feldsalat · 2 Stangen Lauch

Für das Dressing

Saft von 1 Orange · 3 EL Estragonessig · 8 EL Traubenkernöl · etwas Salz · etwas schwarzer Pfeffer aus der Mühle

Für 4 Personen
Zubereitungszeit: ca. 45 Min.
Keimzeit: ca. 4 Tage
ca. 330 kcal je Portion

Salat mit Linsenkeimlingen

- ⊖ schnell
- ⊖ preiswert
- ⊕ fürs Büro
- ⊕ für Partys
- ⊖ kalorienarm
- ⊖ vegetarisch
- ⊖ fruchtig
- ⊖ Knoblauch

1 Die braunen Linsen waschen, in einen Keimbehälter geben und 2- bis 3-mal täglich mit etwas Wasser begießen. Nach 3–4 Tagen keimen die Linsen. Die Keime vor Gebrauch abspülen.

2 Die roten Linsen in Salzwasser etwa 5 Minuten garen und abtropfen lassen. Den Chicorée waschen, putzen und klein schneiden. Den Feldsalat waschen und putzen. Den Lauch waschen, putzen und in feine Streifen schneiden.

3 Für das Dressing Orangensaft, Essig und Öl verrühren. Das Orangendressing salzen und pfeffern, über die Salatzutaten geben und alles vermischen.

Tipp
Wenn Sie Linsenkeime nicht selbst ansetzen möchten, können Sie sie im Reformhaus oder Naturkostladen kaufen.

Zutaten

Für den Salat

150 g Grünkern · 300 ml Gemüsebrühe

8 Möhren · 2 säuerliche Äpfel · etwas Zitronensaft · 4 Frühlingszwiebeln

Für das Dressing

2 hart gekochte Eier · 2 TL milder Senf · 4 EL Weißweinessig · etwas schwarzer Pfeffer aus der Mühle · etwas Salz · 6 EL Distelöl

Für 4 Personen
Zubereitungszeit: ca. 40 Min.
Quellzeit: ca. 12 Std.
Marinierzeit: ca. 30 Min.
ca. 370 kcal je Portion

Grünkern-Möhren-Salat

1 Den Grünkern über Nacht in Wasser einweichen. Den gequollenen Grünkern mit der Gemüsebrühe aufkochen, etwa 15 Minuten garen und abkühlen lassen.

2 Möhren und Äpfel waschen und schälen. Mit einem Apfelausstecher das Kerngehäuse der Äpfel entfernen. Möhren und Äpfel raspeln und die Raspel mit Zitronensaft beträufeln. Die Frühlingszwiebeln waschen, putzen und in feine Ringe schneiden.

3 Die Eier schälen und in kleine Würfel schneiden. Senf, Essig und Distelöl zum Dressing verrühren und dieses mit Salz und Pfeffer abschmecken.

4 Grünkern, Möhren, Äpfel und Frühlingszwiebel vermischen. Das Dressing untermischen und den Salat etwa 30 Minuten durchziehen lassen. Den Grünkernsalat anrichten und mit den Eierwürfeln garnieren.

schnell ⊖
preiswert ⊕
fürs Büro ⊕
für Partys ⊕
kalorienarm ⊖
vegetarisch ⊕
fruchtig ⊕
Knoblauch ⊖

Variation
Dieser Salat kann auch sehr gut mit einer 5-Korn-Mischung zubereitet werden und statt Frühlingszwiebeln können Sie 2 Bund Schnittlauch verwenden.

Kreolischer Bohnensalat mit Hackbällchen

- schnell
- preiswert
- fürs Büro
- für Partys
- kalorienarm
- vegetarisch
- fruchtig
- Knoblauch

Zutaten

Für den Salat
125 g getrocknete schwarze Bohnen · 200 g Langkornreis · 200 ml Gemüsebrühe · 200 ml Tomatensaft
800 g rote, gelbe und grüne Paprikaschoten · 1 Bund Frühlingszwiebeln · 1/2 Bund Koriander
Korianderblättchen zum Garnieren

Für das Dressing
100 ml rote Salsa (Fertigprodukt) · 50 ml Apfelessig · 4 EL Maiskeimöl · etwas Salz · etwas schwarzer Pfeffer aus der Mühle

Für die Hackbällchen
1 kleine Zwiebel · 1 Knoblauchzehe · 1 rote Chilischote
500 g Rinderhackfleisch · 40 g Paniermehl · 1 frisches Ei · etwas Salz · etwas schwarzer Pfeffer aus der Mühle · einige Spritzer rotes Tabasco · etwas Paprika, rosenscharf
2 EL Sonnenblumenöl

Für 4 Personen
Zubereitungszeit: ca. 2 Std.
Einweichzeit: ca. 12 Std.
ca. 770 kcal je Portion

Tipp
Wenn Sie es eilig haben, können Sie den Salat auch mit schwarzen Bohnen aus der Dose (ca. 300 g) und mit fertigen Hackbällchen (ca. 600 g) zubereiten.

1 Die Bohnen in reichlich Wasser über Nacht einweichen. Am nächsten Tag das Einweichwasser abgießen und mit frischem Wasser die Bohnen 1 1/2 Stunden gar kochen. Den Reis mit der Brühe und den Tomatensaft ebenfalls in einen Topf geben und in etwa 20 Minuten garen.

2 Die Paprikaschoten waschen, putzen und in mundgerechte Stücke schneiden. Die Frühlingszwiebeln waschen, putzen und in feine Ringe schneiden. Den Koriander waschen und trockentupfen. Die Blättchen von den Stielen zupfen und fein hacken. Die Bohnen in ein Sieb abgießen und auskühlen lassen. Den Reis ebenfalls erkalten lassen.

3 Für das Dressing Salsa, Essig und Öl verrühren und mit Salz und Pfeffer abschmecken. Alle Salatzutaten in eine große Schüssel geben, mit dem Dressing vermengen und durchziehen lassen.

4 Für die Hackbällchen Zwiebel und Knoblauch schälen und fein hacken. Die Chilischote putzen, längs halbieren, von Kernen und Trennwänden befreien und waschen. Die Schote sehr fein hacken. Wenn man nicht mit Haushaltshandschuhen arbeitet, danach sofort die Hände waschen.

5 Das Hackfleisch mit Zwiebel, Knoblauch, Chilischote und Paniermehl in eine Schüssel geben. Das Ei hineinschlagen. Alles kräftig mit Salz, Pfeffer, Tabasco und Paprika würzen. Das Ganze gut vermengen und dann aus der Masse etwa walnussgroße Bällchen formen.

6 Das Öl in einer beschichteten Pfanne erhitzen und darin die Hackbällchen von allen Seiten braten. Den Salat auf 4 Tellern anrichten und jeweils mit 6–8 Hackbällchen und frischen Korianderblättchen garnieren.

Gegrillte Kartoffelscheiben-Lammfilet-Salat

- schnell
- preiswert
- fürs Büro
- für Partys
- kalorienarm
- vegetarisch
- fruchtig
- Knoblauch

Zutaten

Für den Salat
8 Kartoffeln (ca. 700 g) · etwas Salz · etwas Pizzagewürz · 1 TL Sonnenblumenöl
400 g Lammfilet · 2 Knoblauchzehen · 2 Zweige Rosmarin
1 EL Olivenöl
300 g Tomaten · 1/2 Kopf Eichblattsalat · 1/2 Kopf Lollo biondo

Für das Dressing
4 EL Balsamessig · 4 EL Olivenöl · etwas Salz · etwas schwarzer Pfeffer aus der Mühle · 1 EL Pizzagewürz

Für 4 Personen
Zubereitungszeit: ca. 45 Min.
Backzeit: ca. 30 Min.
ca. 360 kcal je Portion

1 Den Backofen auf 200 °C (Umluft 170 °C; Gas Stufe 3) vorheizen. Die Kartoffeln waschen, gut bürsten, trocknen und längs in Scheiben schneiden. Die Scheiben von beiden Seiten mit Salz und Pizzagewürz bestreuen. Ein Backblech mit Öl einpinseln, die Kartoffelscheiben darauf verteilen und auf der mittleren Schiene im Ofen 20–30 Minuten backen.

2 Inzwischen das Lammfilet kalt abspülen, trockentupfen und in Stücke schneiden. Den Knoblauch schälen. Den Rosmarin waschen und die Nadeln von den Stielen zupfen. Knoblauch und Rosmarin fein hacken.

3 Das Olivenöl in einer beschichteten Pfanne erhitzen und darin das Lammfleisch von allen Seiten anbraten. Knoblauch und Rosmarin mitbraten und alles salzen und pfeffern.

4 Die Tomaten waschen, trockentupfen, die Stielansätze entfernen und die Tomaten in Spalten schneiden. Die Salate waschen, putzen, in mundgerechte Stücke schneiden und trockenschleudern.

5 Balsamessig, Olivenöl, Salz, Pfeffer und Pizzagewürz zum Dressing vermischen. Die Kartoffelscheiben auf 4 großen Tellern anrichten. Die restlichen Salatzutaten vermengen und auf den Tellern anrichten. Den Salat mit dem Dressing beträufeln.

Tipp
Statt frischer Tomaten können Sie in Öl eingelegte, getrocknete Tomaten oder gedünstete Paprikasteifen aus dem Glas verwenden.

Fruchtiger Reissalat mit Geflügelsaté

- schnell
- **preiswert**
- fürs Büro
- für Partys
- kalorienarm
- vegetarisch
- **fruchtig**
- Knoblauch

Zutaten

300 g Langkornreis · 600 ml Gemüsebrühe · 3 TL Curry

1 Bund Frühlingszwiebeln · 1 Netzmelone · 1 Mango · 2 Bananen

60 g Rosinen · 1 Limette

600 g Hühnerbrustfilet · 2 EL Rapsöl · 2 EL Erdnusscreme · etwas Salz

8 Zweige Minze · 250 g Joghurt · 2 TL brauner Zucker

Für 4 Personen
Zubereitungszeit: ca. 1 1/4 Std.
Marinierzeit: ca. 1 Std.
ca. 735 kcal je Portion

1 Den Reis in der Brühe mit 1 TL Curry aufkochen. Etwa 20 Minuten bei reduzierter Hitze mit geschlossenem Deckel kochen lassen, bis die Brühe aufgenommen und der Reis gar ist.

2 Inzwischen die Frühlingszwiebeln waschen, putzen und schräg in 2 cm lange Stücke schneiden. Die Melone halbieren und mit einem Esslöffel die Kerne herausnehmen. Das Fruchtfleisch von der Schale befreien und in Würfel schneiden. Die Mango schälen, das Fruchtfleisch vom Stein schneiden und ebenfalls würfeln. Die Bananen schälen und in Scheiben schneiden.

3 Die Rosinen waschen und trockentupfen. Die Limette halbieren und den Saft auspressen. Alle vorbereiteten Zutaten in eine Schüssel geben. Den ausgekühlten Reis dazugeben und alles verrühren.

4 Das Fleisch waschen, trockentupfen und in etwa 1 cm breite und 12 cm lange Streifen schneiden. Rapsöl, Erdnusscreme, Salz und 1 TL Curry zur Marinade verrühren.

5 Je 2–3 Fleischstreifen wellenartig auf 8 lange Holzspieße stecken. Die Marinade über die Spieße geben und alles zugedeckt im Kühlschrank etwa 1 Stunde durchziehen lassen.

6 Für das Dressing die Minze waschen und trockentupfen. Von 4 Zweigen die Blättchen abzupfen und fein hacken. Joghurt, 1 TL Curry, Zucker und gehackte Minze verrühren. Das Dressing unter den Reissalat mischen.

7 Den Backofengrill auf 250 °C vorheizen. Die Spieße auf ein Blech mit Gitter geben und auf der oberen Schiene im Ofen von beiden Seiten etwa 5 Minuten grillen.

8 Den Reissalat auf 4 Tellern anrichten und dazu je 2 Fleischspieße reichen. Mit den restlichen Minzezweigen garnieren.

Zutaten

500 g Rinderfilet · 1 TL Sesamöl · 4 EL helle Sojasauce · 4 EL Sesamsamen

1 Glas Bambusschösslinge in Streifen (180 g) · 300 g Möhren · 100 g Knollensellerie

1/2 Kopf Chinakohlsalat

6 EL Sojaöl

1 Stück Ingwer (etwa 2 cm lang) · 8 EL Reisweinessig · etwas Salz · etwas schwarzer Pfeffer aus der Mühle

Für 4 Personen
Zubereitungszeit: ca. 40 Min.
Marinierzeit: ca. 30 Min.
ca. 365 kcal je Portion

Asiatischer Rinderfilet-Salat

1 Das Rindfleisch abwaschen, trockentupfen und in dünne Streifen schneiden. Sesamöl, 2 EL Sojasauce und Sesamsamen vermischen und darin das Fleisch etwa 30 Minuten marinieren.

2 Inzwischen die Bambusschösslinge auf ein Sieb geben und gut abtropfen lassen. Die Möhren und den Sellerie waschen, schälen und in dünne Streifen schneiden.

3 Den Chinakohl putzen und waschen. Einige große Blätter beiseite legen und die restlichen in breite Streifen schneiden.

4 In einem Wok 2 EL Sojaöl erhitzen und darin das Rindfleisch unter Rühren anbraten.

5 Für das Dressing die Ingwerknolle schälen und fein hacken. Ingwer, restliches Sojaöl, restliche Sojasauce, Reisweinessig, Salz und Pfeffer verrühren und das Gemüse damit vermengen.

6 Nun 1 oder 2 Chinakohlblätter auf einen großen Teller legen und die Salatfüllung und das Rindfleisch darauf anrichten.

schnell −
preiswert −
fürs Büro +
für Partys +
kalorienarm −
vegetarisch −
fruchtig −
Knoblauch −

Variation
Statt mit Ingwer kann man diesen Salat mit etwas Sambal oelek würzen.

Radicchio mit Geflügelleber

- schnell
- preiswert
- fürs Büro
- für Partys
- kalorienarm
- vegetarisch
- **fruchtig**
- Knoblauch

Zutaten

Für das Dressing
3 EL Weißweinessig · 3 EL Himbeeressig · 2 EL Walnussöl · 3 EL Olivenöl · etwas Salz · etwas schwarzer Pfeffer aus der Mühle · 1 EL Waldhonig

1 Granatapfel · 2 EL Pinienkerne

Für den Salat
1 Zwiebel · 300 g Geflügelleber

1 kleiner Kopf Radicchio · 1/2 Kopf Friséesalat

20 g Butterschmalz · 3 EL Mehl · 2 EL Balsamessig

2 Scheiben Toastbrot · 2 EL Butter

Für 4 Personen
Zubereitungszeit: ca. 45 Min.
ca. 435 kcal je Portion

Tipp
Zusätzlich zu den Granatapfelkernen können Sie Orangenfilets in den Salat geben.

1 Die Essig- und Ölsorten zum Dressing verrühren. Salzen, pfeffern und mit Honig abschmecken.

2 Den Granatapfel halbieren und die Fruchtkerne mit einem Teelöffel herauslösen. Die Kerne in das Dressing geben. Die Pinienkerne ohne Fettzugabe in einer beschichteten Pfanne rösten und wieder herausnehmen.

3 Für den Salat die Zwiebel schälen und fein würfeln. Die Leber waschen und trockentupfen. Große Leberstücke kleiner schneiden.

4 Die Blattsalate putzen und waschen. Den Radicchio in 1 cm breite Streifen schneiden und den Friséesalat in mundgerechte Stücke zupfen. Radicchio und Friséesalat trockenschleudern.

5 Das Butterschmalz erhitzen. Die Leberstücke in Mehl wenden und im heißen Butterschmalz von beiden Seiten 3–4 Minuten anbraten. Das Fleisch salzen und pfeffern. Die Zwiebelwürfel mit andünsten und alles mit dem Balsamessig abschmecken.

6 Das Toastbrot entrinden und in Würfel schneiden. Die Butter in einer zweiten Pfanne erhitzen und die Würfel darin rösten. Radicchio und Friséesalat auf 4 Tellern anrichten und die Leberstücke darauf verteilen. Das Granatapfel-Dressing darüber geben. Mit Croûtons und Pinienkernen garnieren.

Zutaten

Für den Salat

400 g Putenbrust · 2 EL Honig · 2 EL Tomatenmark · 1 TL Paprika (edelsüß) · etwas schwarzer Pfeffer aus der Mühle · etwas Salz

1 kleiner Kopf Radicchio · 1 Kopf Lollo biondo · 1 Mango · 1/2 Bund Frühlingszwiebeln

2 EL Sonnenblumenöl

Für das Dressing

300 g Joghurt · Saft von 1 Orange · 2 TL Honig · etwas Salz · etwas schwarzer Pfeffer aus der Mühle · 3–4 Spritzer Tabasco · 20 g Cashewkerne

Für 4 Personen
Zubereitungszeit: ca. 40 Min.
ca. 290 kcal je Portion

Putensalat „Hollywood"

- schnell
- preiswert
- fürs Büro
- für Partys
- kalorienarm
- vegetarisch
- fruchtig
- Knoblauch

1 Die Putenbrust waschen, trockentupfen und von Fett und Sehnen befreien. Honig, Tomatenmark, Paprika, Pfeffer und Salz zur Marinade verrühren. Das Fleisch in Streifen schneiden und darin marinieren.

2 Inzwischen die beiden Blattsalate waschen, putzen und trockenschleudern. Den Radicchio in feine Streifen schneiden. Den Lollo biondo in mundgerechte Stücke zupfen. Die Mango waschen, das Fruchtfleisch vom Stein schneiden, schälen und in Stücke oder Scheiben schneiden. Die Frühlingszwiebeln waschen, putzen und in feine Streifen schneiden.

3 Für das Dressing Joghurt, Orangensaft und Honig verrühren. Das Dressing mit Salz, Pfeffer und Tabasco abschmecken. Die Cashewkerne fein hacken und in einer beschichteten Pfanne ohne Fettzugabe goldgelb rösten.

4 Das Sonnenblumenöl in einer beschichteten Pfanne erhitzen und darin die Putenfleischstreifen von allen Seiten goldbraun braten. Blattsalate, Mango und Frühlingszwiebel vermengen und auf 4 Tellern verteilen. Das noch warme Fleisch darauf verteilen und das Dressing darüber geben. Den Salat mit den Cashewkernen bestreuen.

Tipps

Der Salat schmeckt mit warmen oder kalten Putenstreifen. Sie können zusätzlich Rosinen unter den Salat mischen.
Wenn Sie den Salat mit ins Büro nehmen, sollten Sie den Lollo biondo separat von den anderen Salatzutaten aufbewahren.

Zutaten

Für den Salat

3–4 Tamarillos

4 Kiwis · 1/2 Kopf Eichblattsalat · 1/2 Kopf Friséesalat

250 g geräucherte Putenbrustscheiben

Für das Dressing

10 Macadamianüsse · 4 EL Walnussöl · 3 EL Weißweinessig · etwas Salz · etwas schwarzer Pfeffer aus der Mühle · 1 Prise Zucker

Für 4 Personen
Zubereitungszeit: ca. 30 Min.
ca. 300 kcal je Portion

Putensalat „down under"

1 Die Tamarillos über Kreuz einritzen, kurz überbrühen, abschrecken, enthäuten und in Scheiben schneiden.

2 Die Kiwis schälen und in Scheiben schneiden. Die Blattsalate putzen, waschen, trockenschleudern und in mundgerechte Stücke zupfen.

3 Die Macadamianüsse grob hacken. Öl, Essig, 2 EL Wasser, Salz, Pfeffer und 1 Prise Zucker zum Dressing verrühren. Die Hälfte der Nüsse untermischen.

4 Die Putenbrustscheiben aufrollen. Den Salat auf 4 Tellern anrichten, die Früchte und die Putenbrustscheiben dekorativ dazulegen. Den Salat mit dem Dressing beträufeln und mit den restlichen Nüssen bestreut servieren.

Tipps

Zu diesem australischen Salat passt besonders gut eine Folienkartoffel mit Crème fraîche.
Servieren Sie zu dem Salat einen australischen Weißwein.

- schnell ⊕
- preiswert ⊖
- fürs Büro ⊖
- für Partys ⊖
- kalorienarm ⊕
- vegetarisch ⊖
- fruchtig ⊕
- Knoblauch ⊖

Tamarillo

Die Tamarillo, auch Baumtomate genannt, ähnelt rein äußerlich einer Pflaume oder einer Eiertomate. Die Schale ist karminrot, der Geschmack säuerlich-herb. Tamarillos können wie Tomaten zubereitet werden.

Feldsalat mit Schweinemedaillons

- schnell
- preiswert
- fürs Büro
- für Partys
- kalorienarm
- vegetarisch
- fruchtig
- Knoblauch

Zutaten

Für das Dressing
1/2 Bund Schnittlauch · 150 g Joghurt · 2 EL Kräuteressig · 2 EL Walnussöl · 1 TL Honig · etwas Salz · etwas schwarzer Pfeffer aus der Mühle

Für den Salat
250 g Feldsalat · 2 kleine Rote Beten (etwa 150 g)

1 rotschaliger Apfel · etwas Zitronensaft · 25 g Sonnenblumenkerne

Für die Schweinemedaillons
25 g Sonnenblumenkerne · 50 g Walnusskerne · 400 g Schweinemedaillons · 2 frische Eier · etwas Salz · etwas schwarzer Pfeffer aus der Mühle

5 EL Mehl · 3 EL Butterschmalz

Für 4 Personen
Zubereitungszeit: ca. 40 Min.
ca. 455 kcal je Portion

1 Für das Dressing den Schnittlauch waschen, trockentupfen und in kleine Röllchen schneiden. Schnittlauchröllchen, Joghurt, Essig und Öl verrühren. Das Dressing mit Honig, Salz und Pfeffer abschmecken.

2 Den Feldsalat waschen, putzen und trockenschleudern. Die Roten Beten schälen und klein würfeln.

3 Den Apfel waschen, vierteln und das Kerngehäuse entfernen. Die Viertel in dünne Scheiben schneiden und mit Zitronensaft beträufeln.

4 Für die Schweinemedaillons die Sonnenblumenkerne mit den Walnüssen mahlen. Die Schweinemedaillons unter kaltem Wasser abspülen und etwas flach klopfen. Die Eier verquirlen, salzen und pfeffern.

5 Die Schweinemedaillons zuerst in Mehl, dann in den Eiern und zum Schluss in den gemahlenen Sonnenblumenkernen und Walnüssen wenden. Das Butterschmalz in einer beschichteten Pfanne erhitzen und darin die Schweinemedaillons portionsweise bei mittlerer Hitze von allen Seiten goldbraun braten.

6 Feldsalat, Rote Beten und Apfelscheiben auf 4 Tellern anrichten und mit dem Dressing beträufeln. Die Schweinemedaillons darauf verteilen und die Sonnenblumenkerne darüber streuen.

Tipp
Wenn Sie beim Schälen der Roten Beten Gummihandschuhe anziehen, färben sich die Hände nicht rot.

Zutaten

Für den Salat
500 g grüne Bohnen ·
300 g kleine Champignons
etwas Salz
100 g gewürfelter Frühstücks-speck

Für das Dressing
5 Zweige glattblättrige Petersilie · 2 EL Zitronensaft · 100 g saure Sahne · 100 g Crème fraîche · etwas Salz · etwas Worcester-sauce · etwas weißer Pfeffer aus der Mühle

Für 4 Personen
Zubereitungszeit: ca. 30 Min.
ca. 115 kcal je Portion

Grüne-Bohnen-Speck-Salat

- ⊕ schnell
- ⊕ preiswert
- ⊕ fürs Büro
- ⊕ für Partys
- ⊕ kalorienarm
- ⊖ vegetarisch
- ⊖ fruchtig
- ⊖ Knoblauch

1 Die Bohnen waschen, putzen und nach Belieben in Stücke schneiden. Die Champignons mit Küchenkrepp abreiben. Größere Pilze halbieren oder vierteln.

2 Für das Dressing die Petersilie waschen und trockentupfen, die Blättchen abzupfen und fein hacken. Die Petersilie mit Zitronensaft, saurer Sahne, Crème fraîche verrühren. Mit Salz, einigen Spritzern Worcestersauce und Pfeffer kräftig würzen.

3 Die Bohnen in kräftig gesalzenem Wasser in etwa 10 Minuten bissfest kochen, in ein Sieb geben, abschrecken, gut abtropfen lassen und noch warm mit dem Dressing vermengen.

4 Den Speck fein würfeln, in einer großen Pfanne ohne Fettzugabe 2–3 Minuten knusprig braten und aus der Pfanne nehmen. Die Champignons im Bratfett unter ständigem Wenden anbraten und salzen.

5 Die Champignons und den Speck unter den Bohnensalat mengen und alles auf 4 Tellern anrichten.

Variation
Statt Frühstücksspeck können Sie fein geschnittene Bratenreste oder Bratenaufschnitt unter den Salat mengen.

Enten-Wirsing-Salat

Zutaten

Für die Wirsingröllchen
1 kleiner Wirsingkopf
1/2 l Gemüsebrühe

Für die Marinade
4 EL Sonnenblumenöl · 1 TL Curry · 1 EL Zucker · 100 ml Apfelessig

Für den Salat
1 Granatapfel · 500 g Entenbrust · etwas Salz · etwas schwarzer Pfeffer aus der Mühle

Für 4 Personen
Zubereitungszeit: ca. 1 Std.
Marinierzeit: ca. 1 Std.
ca. 450 kcal je Portion

schnell ⊖
preiswert ⊖
fürs Büro ⊕
für Partys ⊖
kalorienarm ⊖
vegetarisch ⊖
fruchtig ⊕
Knoblauch ⊖

1 Die Wirsingblätter ablösen, waschen und in einem Sieb gut abtropfen lassen. Die dicken Strünke mit einem großen Messer flach schneiden.

2 Die Brühe zum Kochen bringen und darin die Kohlblätter einmal aufkochen lassen. Den Kohl bei schwacher Hitze 10–15 Minuten garen. Die Blätter herausnehmen und abtropfen lassen. Die Brühe beiseite stellen.

3 Je 3 Kohlblätter aufeinander legen und sehr fest aufrollen. Die Rollen schräg in 3 cm breite Streifen schneiden und gerollt nebeneinander in eine große flache Schüssel legen.

4 Für die Marinade das Öl erwärmen. Curry und Zucker einrühren und vorsichtig Essig und 100 ml Brühe dazugeben. Gut rühren. Die Marinade noch heiß über die Kohlrollen geben und diese zugedeckt etwa 1 Stunde marinieren.

5 Den Granatapfel halbieren und mit einem Teelöffel die Kerne herausnehmen. Die Entenbrüste waschen und trockentupfen. Die Hautseite mehrmals einschneiden und das Fleisch salzen und pfeffern. Eine beschichtete Pfanne erhitzen, die Entenbrüste mit der Haut nach unten hineinlegen und etwa 10 Minuten anbraten. Die Stücke wenden und auf der anderen Seite etwa 5 Minuten braten. Die Brust ist optimal gebraten, wenn sie innen noch leicht rosa ist.

6 Die Röllchen auf 4 Tellern anrichten. Die Entenbrüste in Stücke schneiden und auf den Röllchen verteilen. Die Granatapfelkerne darüber geben und alles mit der Marinade der Röllchen beträufeln.

Sardischer Salat mit Thunfischspießen

- schnell
- preiswert
- fürs Büro
- für Partys
- kalorienarm
- vegetarisch
- fruchtig
- **Knoblauch**

Zutaten

Für den Salat
1/2 Kopf Radicchio · 1/2 Kopf Lollo rosso · 1/2 Kopf Lollo biondo · 1 Bund Rucola · 250 g Cocktailtomaten

Für das Dressing
1 Knoblauchzehe · 20 g in Salzlake eingelegte Kapern

3 EL Limettensaft · 4 EL Gemüsebrühe · 6 EL Olivenöl · etwas Salz · etwas schwarzer Pfeffer aus der Mühle · 1 Prise Zucker

Für die Fischspieße
2 EL frisch gehackte Thymianblättchen · 2 EL Olivenöl · 2 EL Limettensaft · etwas Salz · etwas schwarzer Pfeffer aus der Mühle

600 g Thunfischfilet

1 TL fein geriebene Limettenschale

Für 4 Personen
Zubereitungszeit: ca. 45 Min.
ca. 500 kcal je Portion

Tipp
Dazu passt Ciabatta und als Wein ein trockener Weißwein, etwa ein Pinot Grigio.

1 Radicchio, Lollo rosso und Lollo biondo waschen, putzen, trockenschleudern und in mundgerechte Stücke zupfen. Die Cocktailtomaten waschen, von den Stielansätzen befreien und je nach Größe halbieren oder vierteln.

2 Für das Dressing den Knoblauch schälen und fein hacken. Die Kapern in einem Sieb abtropfen lassen und grob hacken.

3 Limettensaft, Gemüsebrühe und Öl verrühren. Den Knoblauch und die Kapern hinzufügen und alles mit Salz, Pfeffer und Zucker abschmecken.

4 Für die Fischspieße Thymian, Olivenöl und Zitronensaft verrühren und das Kräuteröl salzen und pfeffern. Den Backofengrill auf 220 °C vorheizen.

5 Die Fischfilets waschen, trockentupfen und in 16 gleich große Stücke schneiden. Je 4 Stücke auf einen Spieß stecken und mit dem Kräuteröl bestreichen. Die Spieße auf ein Blech geben und auf der mittleren Schiene im Ofen von jeder Seite etwa 3–5 Minuten grillen.

6 Blattsalate, Rucola und Cocktailtomaten mit dem Dressing vermengen, mit den Fischspießen anrichten und mit der Limettenschale bestreuen. Alles sofort servieren.

Zutaten

Für den Salat

500 g Tortellini · etwas Salz

1 kleine Zwiebel · 1/2 Bund Basilikum

4 Fleischtomaten · 2 gelbe Paprikaschoten

2 Dosen Thunfisch im eigenen Saft (150 g)

Für das Dressing

4 EL Rotweinessig · 4 EL Olivenöl · etwas schwarzer Pfeffer aus der Mühle · etwas Salz

Für 4 Personen
Zubereitungszeit: ca. 30 Min.
Marinierzeit: ca. 1 Std.
ca. 740 kcal je Portion

Tortellini-Thunfisch-Salat

- ⊖ schnell
- ⊕ preiswert
- ⊕ fürs Büro
- ⊕ für Partys
- ⊖ kalorienarm
- ⊖ vegetarisch
- ⊖ fruchtig
- ⊖ Knoblauch

1 Die Tortellini nach Packungsanweisung in reichlich gesalzenem Wasser garen, abgießen, abschrecken und auskühlen lassen.

2 Die Zwiebel schälen und fein hacken. Das Basilikum waschen, trockentupfen, die Blättchen von den Stielen zupfen und in feine Streifen schneiden.

3 Die Tomaten waschen, über Kreuz einritzen, kurz überbrühen, abschrecken, enthäuten und würfeln. Die Paprikaschoten waschen, putzen und in feine Ringe schneiden.

4 Den Thunfisch abtropfen lassen und mit einer Gabel zerkleinern. Tortellini, Gemüse, Zwiebeln und Basilikum mit dem Thunfisch in eine Schüssel geben und alles gut vermengen.

5 Essig, Öl, Pfeffer und Salz zum Dressing verrühren und über die Salatzutaten geben. Den Salat vor dem Servieren etwa 1 Stunde im Kühlschrank durchziehen lassen.

Tipps

Am besten nehmen Sie Tortellini aus dem Kühlregal. Die Füllung wählen Sie nach Ihrem Geschmack.

Statt die Essig-Öl-Marinade zu verwenden, können Sie auch 200 g Crème fraîche mit etwas Essig, Salz und Pfeffer abschmecken und über den Salat geben.

Zutaten

800 g fest kochende Kartoffeln · etwas Salz

25 g kleine Kapern · 6 Sardellenfilets in Öl · 75 g getrocknete, in Öl eingelegte Tomaten

5 EL Weißweinessig · 130 ml Olivenöl · etwas schwarzer Pfeffer aus der Mühle

1/2 Bund Rucola · 3 Stangen Staudensellerie mit Grün · 1 Bund glattblättrige Petersilie

600 g Spitzkohl

400 g Kabeljaufilet

Für 4 Personen
Zubereitungszeit: ca. 1 Std.
ca. 710 kcal je Portion

Kabeljau-Kartoffel-Salat

1 Die Kartoffeln unter fließendem Wasser gut waschen und bürsten. Die Kartoffeln in leicht gesalzenem Wasser etwa 20 Minuten garen, anschließend abschrecken, schälen und in Scheiben schneiden.

2 Inzwischen für das Dressing die Kapern abtropfen lassen. Die Sardellen waschen und klein hacken. Die Tomaten in kleine Stücke schneiden.

3 Essig, 100 ml Olivenöl, Salz und Pfeffer verrühren. Kapern, Tomaten und Sardellen untermischen. Die warmen Kartoffelscheiben mit dem Dressing vermengen.

4 Den Rucola waschen, putzen und trockenschleudern. Den Staudensellerie putzen und in sehr feine Scheiben schneiden. Die Sellerieblätter beiseite legen. Die Petersilie waschen und trockentupfen. Die Blättchen von den Stielen zupfen und mit den Sellerieblättern grob hacken.

5 Den Spitzkohl putzen, in ungefähr 2 cm große Stücke schneiden und für etwa 3 Minuten in kochendes Wasser geben. Den Kohl gut abtropfen lassen und mit den Selleriescheibcn, den gehackten Sellerieblättern und der Petersilie unter die Kartoffeln mischen.

6 Das Kabeljaufilet in etwa 2 cm dicke Stücke schneiden und diese salzen und pfeffern. In einer beschichteten Pfanne das restliche Öl erhitzen und darin die Filetstücke auf jeder Seite etwa 5 Minuten braten. Den Kartoffelsalat eventuell mit Salz und Pfeffer nachwürzen. Die Kabeljaustücke mit dem Rucola locker unter den Kartoffelsalat mischen und alles warm servieren.

schnell ⊖
preiswert ⊕
fürs Büro ⊖
für Partys ⊖
kalorienarm ⊖
vegetarisch ⊖
fruchtig ⊖
Knoblauch ⊖

Blattsalat mit Tortillaschnecken

- schnell
- preiswert
- fürs Büro
- für Partys
- kalorienarm
- vegetarisch
- fruchtig
- Knoblauch

Zutaten

Für den Tortillateig
40 g Butter · 150 g Mehl · 1 TL Salz

Für die Füllung
200 g geräucherter Lachs · 150 g Crème fraîche · 150 g saure Sahne · 1/2 Bund Dill · etwas Salz · etwas schwarzer Pfeffer aus der Mühle

Für den Salat
1/2 Kopf Eichblattsalat · 1/2 Kopf Lollo rosso · 3 Tomaten · 1 rote Paprika

1/2 Bund glattblättrige Petersilie

Für das Dressing
1 kleine Zwiebel · 4 EL Sonnenblumenöl · 6 EL Weißweinessig · etwas Salz · etwas schwarzer Pfeffer aus der Mühle · 1 Prise Zucker

Für 4 Personen
Zubereitungszeit: ca. 1 1/2 Std.
Ruhezeit: ca. 30 Min.
ca. 550 kcal je Portion

1 Die Butter zerlassen. Mehl, Salz, Butter und 50–100 ml Wasser zu einem glatten Teig verkneten und etwa 30 Minuten in Klarsichtfolie eingeschlagen ruhen lassen.

2 Den Teig in 4 gleiche Stücke teilen und auf einer bemehlten Fläche zu Fladen von etwa 20 cm Ø ausrollen. Die Fladen nacheinander in einer beschichteten Pfanne ohne Fettzugabe von beiden Seiten backen. Dabei eventuell entstehende Blasen flach drücken. Die Fladen mit etwas Wasser befeuchten und im Backofen warm halten.

3 Für die Füllung den Lachs in feine Streifen schneiden. Crème fraîche und saure Sahne vermengen. Den Dill waschen, trockentupfen, fein hacken und mit dem Lachs unter die Sahne rühren. Alles mit Salz und Pfeffer abschmecken.

4 Eichblattsalat und Lollo rosso waschen, putzen, in mundgerechte Stücke zupfen und trockenschleudern. Die Tomaten waschen, die Stielansätze entfernen und die Tomaten achteln. Die Paprika waschen, putzen und in ganz feine Würfel schneiden. Alles gut miteinander vermengen.

5 Die Petersilie waschen und trockentupfen. Die Blättchen von den Stielen zupfen und fein hacken.

6 Für das Dressing die Zwiebel schälen und fein hacken. Sonnenblumenöl und Weinessig verrühren. Mit Zwiebel, Salz, Pfeffer und Zucker abschmecken. Die Salatzutaten außer der Petersilie mit dem Dressing vermengen und auf 4 Tellern verteilen.

7 Die Fladen aus dem Backofen nehmen, gleichmäßig mit der Füllung bestreichen, aufrollen und schräg in etwa 4 cm lange Stücke schneiden. Die Tortillaschnecken auf dem Salat verteilen und alles mit der Petersilie bestreuen.

Tipp
Sie können die Tortillaschnecken auch mit gekauften Tortillafladen zubereiten. Wärmen Sie diese Fladen gut auf. Da sich gekaufte Fladen aber nicht so gut rollen lassen, streichen Sie die Füllung zwischen 2 Fladen und teilen diese in 8 Tortenstücke.

Spinatsalat mit Sesamgarnelen

- schnell
- preiswert
- fürs Büro
- für Partys
- kalorienarm
- vegetarisch
- fruchtig
- Knoblauch

Zutaten

Für den Salat

500 g Blattspinat · 300 g Möhren · 2 kleine Zucchini (300 g)

16 Riesengarnelen, roh und ohne Kopf und Schale (je ca. 30 g)

1 frisches Ei · 30 g Paniermehl · 50 g Sesamsamen

30 g Butterschmalz

Für das Dressing

1 Knoblauchzehe · 1 Stück Ingwer (etwa 2 cm lang) · 2 EL Sesamöl · 3 EL Rapsöl · 4 EL Sherryessig · etwas Salz · etwas schwarzer Pfeffer aus der Mühle · 1 Msp. Cayennepfeffer

Für 4 Personen
Zubereitungszeit: ca. 40 Min.
ca. 460 kcal je Portion

1 Den Spinat putzen, waschen, in mundgerechte Stücke teilen und trockenschleudern. Die Möhren und Zucchini waschen und putzen und mit einem Sparschäler in dünne, lange Streifen schneiden. Möhren, Zucchini und Spinat mischen.

2 Die Riesengarnelen jeweils am Rücken längs einschneiden und den schwarzen Darmfaden entfernen. Die Garnelen kalt abspülen, trockentupfen und salzen.

3 Das Ei in einem tiefen Teller mit etwa 2 EL Wasser verquirlen. In einem anderen Teller Sesam und Paniermehl mischen. Die Garnelen erst in der Eiermischung und dann in der Sesammischung wälzen.

4 Das Butterschmalz in einer beschichteten Pfanne erhitzen und darin die Garnelen bei mittlerer Hitze auf jeder Seite 2–3 Minuten braten.

5 Für das Dressing den Knoblauch und den Ingwer schälen und fein hacken. Sesamöl, Rapsöl, Sherryessig, Salz, Pfeffer und Cayennepfeffer mit Knoblauch und Ingwer verrühren.

6 Das Dressing mit dem Gemüse vermengen, alles auf 4 Teller verteilen und die Garnelen dekorativ darauf anrichten.

Tipps

Zu diesem Salat können Sie Baguette oder Ciabatta reichen. Ein spritziger Weißburgunder ist ein passender Begleiter zu diesem kleinen Gericht.

Zutaten

Für den Salat

500 g gelbe oder orangefarbene Paprikaschoten · 1 Zwiebel · 2 Knoblauchzehen

4 Tintenfischtuben (je 100 g)

3 EL Olivenöl · etwas Salz · etwas schwarzer Pfeffer aus der Mühle

200 ml trockener Weißwein · 100 g entsteinte schwarze Oliven

Für das Dressing

1/2 Bund glattblättrige Petersilie · 3 EL Olivenöl · 2 EL Zitronensaft · etwas Salz · etwas schwarzer Pfeffer aus der Mühle

Für 4 Personen
Zubereitungszeit: ca. 30 Min.
ca. 300 kcal je Portion

Portugiesischer Tintenfischsalat

1 Die Paprikaschoten waschen, putzen und in mundgerechte Stücke schneiden. Zwiebel und Knoblauch schälen und fein würfeln.

2 Die Tintenfischtuben unter fließendem Wasser gut spülen und in etwa 1/2 cm breite Ringe schneiden.

3 Das Öl in einer beschichteten Pfanne erhitzen und darin die Paprikastücke etwa 5 Minuten braten; dabei mehrfach wenden. Die Paprikastücke wieder herausnehmen. Knoblauch, Zwiebel und Tintenfischringe in die Pfanne geben. Alles kurz anbraten und salzen und pfeffern.

4 Die Tintenfische mit Weißwein ablöschen und den Wein etwa 3 Minuten einkochen lassen. Die Oliven in Ringe schneiden.

5 Für das Dressing die Petersilie waschen und trockentupfen. Die Blätter von den Stielen zupfen. Olivenöl, Zitronensaft, Salz und Pfeffer zum Dressing verrühren.

6 Die Oliven mit den Paprikastücken, Petersilienblättern und Tintenfischringen mischen. Den Salat mit dem Dressing abschmecken und noch warm servieren.

schnell ⊕
preiswert ⊖
fürs Büro ⊖
für Partys ⊕
kalorienarm ⊕
vegetarisch ⊖
fruchtig ⊖
Knoblauch ⊕

Tipp
Statt frischer Tintenfischtuben können Sie eine TK-Meeresfrüchtemischung verwenden.

Japanischer Salat

- schnell
- preiswert
- fürs Büro
- für Partys
- kalorienarm
- vegetarisch
- fruchtig
- Knoblauch

Zutaten

Für die Sushi
200 g Sushireis · etwas Salz · 4 EL Reisweinessig
4 Noriblätter (20 x 20 cm)
2 EL Wasabipaste

Für den Salat
1 Kopf Chinakohl · 200 g Mungobohnensprossen · 1/2 Bund Frühlingszwiebeln · 200 g geräucherter Lachs

Für das Dressing
4 EL Rapsöl · 4 EL Sojasauce · 4 EL Reisweinessig · 1 TL Wasabipaste · etwas Salz

Für 4 Personen
Zubereitungszeit: ca. 1 Std.
Quellzeit: ca. 1 Std.
ca. 360 kcal je Portion

1 Den Sushireis in etwa 400 ml leicht gesalzenem, kaltem Wasser etwa 1 Stunde quellen lassen. Den Reis aufkochen und etwa 5 Minuten garen, bis er das Wasser aufgesogen hat. Den Reis mit dem Reisweinessig abschmecken.

2 Eine Bambus-Roll-Matte auf die Arbeitsfläche legen und 1 Noriblatt darauf geben. Mit den Händen den noch warmen Sushireis etwa 1 cm dick auf das Noriblatt streichen. Dabei an einer Seite einen etwa 2 cm breiten Rand lassen. In der Mitte parallel zu diesem Rand etwas Wasabipaste als Linie auf den Reis streichen.

3 Die Matte anheben und alles wie eine Bisquitrolle aufrollen. Einige Reiskörner in die Naht geben und fest andrücken, damit sich die Rolle nicht wieder öffnet. Mit den restlichen Noriblättern ebenso vorgehen.

4 Wenn der Sushireis erkaltet ist, ein großes Küchenmesser mit etwas Reisweinessig anfeuchten und mit dem Messer zuerst von den Rändern jeder Rolle ein kleines Stück abschneiden und dann jede Rolle in 6 Scheiben schneiden.

5 Für den Salat den Chinakohl waschen, putzen und in Streifen schneiden. Die Mungobohnensprossen blanchieren, abschrecken und abtropfen lassen. Die Frühlingszwiebeln waschen, putzen und in Ringe schneiden. Den Lachs in feine Streifen schneiden.

6 Reisweinessig, Sojasauce, Öl und Wasabipaste zum Dressing verrühren. Das Dressing mit Salz abschmecken. Chinakohl, Sprossen und Frühlingszwiebel mit dem Dressing vermengen und den Salat auf 4 Tellern anrichten. Die Lachsstreifen darauf verteilen und je 6 Sushiröllchen auf den Salat setzten.

Tipp
Bambus-Roll-Matten kann man in asiatischen Lebensmittelgeschäften kaufen. Wenn Ihnen die Zubereitung von Sushi zu kompliziert ist, können Sie statt Sushireis die gleiche Menge Langkornreis kochen und diesen unter die anderen Salatzutaten mischen.

Zutaten

Für das Dressing

4 EL Sonnenblumenöl · 4 EL Weißweinessig · 2 EL gekörnter Senf · etwas Salz · etwas schwarzer Pfeffer aus der Mühle · 1 Prise Zucker

Für den Salat

100 g Sprossenmischung (z. B. Linsen, Mungobohnen und Rettich) · 2 Kopf Kopfsalat

300 g Möhren · 4 EL Zitronensaft

4 Schollenfilets (je 50 g) · etwas Salz · etwas schwarzer Pfeffer aus der Mühle · 4 EL Mehl

20 g Butterschmalz

Für 4 Personen
Zubereitungszeit: ca. 30 Min.
ca. 230 kcal je Portion

Schollensalat

- ⊕ schnell
- ⊖ preiswert
- ⊖ fürs Büro
- ⊖ für Partys
- ⊕ kalorienarm
- ⊖ vegetarisch
- ⊖ fruchtig
- ⊖ Knoblauch

1 Für das Dressing Sonnenblumenöl, Weißweinessig, Senf, Salz, Pfeffer und Zucker verrühren.

2 Die Sprossenmischung unter fließendem Wasser waschen und abtropfen lassen. Den Kopfsalat waschen, putzen, in mundgerechte Stücke zupfen und trockenschleudern.

3 Die Möhren waschen, putzen, in feine Scheiben schneiden und mit etwas Zitronensaft beträufeln.

4 Die Schollenfilets unter fließendem Wasser reinigen, längs halbieren, mit dem restlichen Zitronensaft beträufeln und salzen und pfeffern. Die Filets auf beiden Seiten im Mehl wenden.

5 Das Butterschmalz in einer beschichteten Pfanne erhitzen und darin die Schollenfilets auf beiden Seiten je 3–4 Minuten braten.

6 Das Gemüse mit dem Dressing vermengen und auf 4 Teller verteilen. Jeweils 2 Schollenfilethälften neben den Salat legen und den Salat sofort servieren.

Tipps

Die Sprossenmischung erhalten Sie im Reformhaus. Statt Möhren passen auch Radieschen oder Rettich sehr gut zu diesem Salat. Reichen Sie zum Salat ein paar Scheiben dunkles Vollkornbrot.

Skandinavischer Matjessalat

Zutaten

Für den Salat
400 g Kartoffeln · etwas Salz · 250 g Rote Beten
1 Zwiebel · 8 Matjesfilets · 2 Äpfel · 2 EL Zitronensaft

Für das Dressing
1 Bund Dill · 200 g Crème fraîche · 100 g Salatmayonnaise · etwas Salz · etwas weißer Pfeffer aus der Mühle

Für 4 Personen
Zubereitungszeit: ca. 1 Std.
Marinierzeit: ca. 1 Std.
ca. 770 kcal je Portion

schnell ⊖
preiswert ⊖
fürs Büro ⊖
für Partys ⊕
kalorienarm ⊖
vegetarisch ⊖
fruchtig ⊕
Knoblauch ⊖

1 Die Kartoffeln gründlich waschen und im Salzwasser etwa 20 Minuten garen. Die Roten Beten waschen und ebenfalls in Salzwasser je nach Dicke etwa 20–40 Minuten garen.

2 Die Kartoffeln abgießen und auskühlen lassen, dann schälen und in Scheiben schneiden. Die Roten Beten am besten mit Gummihandschuhen schälen und würfeln. Alles in eine große Schüssel geben.

3 Die Zwiebel schälen und fein hacken. Die Matjesfilets unter kaltem Wasser abspülen, trockentupfen und in mundgerechte Stücke schneiden. Die Äpfel schälen, Kerngehäuse, Blütenansatz und Stielansatz entfernen und das Fruchfleisch in dünne Scheiben schneiden oder würfeln. Die Apfelstücke mit Zitronensaft beträufeln.

4 Für das Dressing den Dill waschen, trockentupfen und fein hacken. Mit Crème fraîche und Mayonnaise verrühren und mit Salz und Pfeffer würzen.

5 Alle Zutaten mit dem Salatdressing vermengen und mindestens 1 Stunde im Kühlschrank durchziehen lassen.

Tipp
Im Mai ist Matjeszeit, frische Matjes schmecken im Salat dann besonders gut. Während des restlichen Jahres können Sie mild eingelegte Matjes verwenden.

Alphabetisches Rezeptverzeichnis

Rezeptverzeichnis nach Kapiteln

Mit Blattsalaten und Gemüse

Mit Kartoffeln, Nudeln und Körnern

Mit Fleisch und Geflügel

Mit Fisch und Meeresfrüchten

Dieses Buch wurde auf chlorfrei gebleichtem und säurefreiem Papier gedruckt.

Der Text dieses Buches entspricht den Regeln der neuen deutschen Rechtschreibung.

Impressum

Ungekürzte Lizenzausgabe
der RM Buch und Medien Vertrieb GmbH
und der angeschlossenen Buchgemeinschaften

Umschlagkonzeption: Martina Eisele, München
Umschlaggestaltung: Digital Design GmbH Borgers, Hünstetten
Layout: Johannes Steil, Wiesbaden
Redaktion: Dirk Katzschmann und Olaf Rappold (red.sign, Stuttgart)
Koordination und Schlussredaktion: Birgit Hinsch (FALKEN Verlag)
Herstellung: Ramona Burkart (FALKEN Verlag) und red.sign, Stuttgart
Weitere Fotos auf dem Umschlag: Die Bilder auf der Umschlaginnenseite vorne wurden dem FALKEN Verlag freundlicherweise vom Autor und dem Fotografen zur Verfügung gestellt.
Amos Schliack, Hamburg: Umschlagklappe, hinten, innen, li. o., li. M. und li. u. sowie re. o., re. M. und re. u.

Rezeptfotos und weitere Fotos im Innenteil: Amos Schliack, Hamburg
Food-Stylist: Roland Geiselmann, Hamburg
Satz: red.sign, Stuttgart
Reproduktion: Lithotronic, Frankfurt
Druck und Bindung: Proost, Turnhout
Printed in Belgium 2003
Buch-Nr. 008020
www.derclub.de
www.donauland.at